Der Schlaf, aus dem ich wachend träume

Che Chidi Chukwumerije

Gedichte:
Innengart
Das dauerhafte Gedicht

auf Englisch:
Twice is not enough
The Lake of Love
There Is Always Something More
Poetry:
Palm Lines
River
Cumbrian Lines: poems born of the lake district
Writing is the Happiness of Sorrow
The beautiful Ones have been born
Light of Awakening

Somayinozo's Stories (Kindererzählungen)

auf Igbo:
Mmiri a zoro nwayọ nwayọ

Che Chidi Chukwumerije
Der Schlaf, aus dem ich wachend träume.
Zweite Ausgabe 2015.
Erste Ausgabe 2012 unter dem Pseudonym Aka Teraka.
Boxwood Publishing House e.K.
Copyright © Che Chidi Chukwumerije 2012.
Alle Rechte vorbehalten
ISBN 978-3-943000-60-3
Umschlagsfoto © Che Chidi Chukwumerije.

Che Chidi Chukwumerije

Der Schlaf, aus dem ich wachend träume

Gedichte zu Herbst und Winter

Boxwood Publishing House, Frankfurt

Inhaltsverzeichnis

Teil 1

Herbstblatt

Reifung

Merk würdig war
Der Tag, an dem
Das Jahr inne hielt
Und an fing, nach
Zu denken.

Ich zog mich um
Machte mich auf
Den langen Weg hinaus
Aus dem jungen hellen
Sommertraum.

September

Neun Gitarren
Eine für jeden Spielfinger
Die letzte für das Herz
Spielten zusammen in Harmonie
Als ich zwischen Schlaf und Erwachen schwebte
Tastete nach dem Ufer

Die Wellen mal wild mal ruhig
Zwei Sonnen widerspiegelten sich auf dem
Silbrig-goldenen des Sees
War die eine ein Mond?
Da schwebte ich in einem Kanu
Seele zwischen Welt und Welt
Tastete nach einer Lichtung

Ein Nebel kam, ein Nebel ging
Ufer, Morgen, Auferstehn, ich stehe auf
Seele mit Körper
Schaue zurück –
Das Kanu schwebte hinweg auf dem weiten See
Die Gitarren schwiegen, sanft
Nur das Herz ist mir geblieben
Hier in meiner Brust.

Herbst

Es blühen noch
Kleine gelben Blumen
Am Straßenrand
So spät am Tag
Bleibt der Sommer jung
Jung bleibt die Empfindungsfähigkeit
Ich merke alles
Das langsame Ermüden der schwergrünen Bäume
Der immer kühler werdende Abendwind
Die ersten versteckten bunten Blätter
Die Ernsthaftigkeit neuer Gedanken
Einen reifenden Menschen.
Ich werde ruhiger
Gewiss: Der Sommer ist schon längst eingeschlafen,
Merkt es nur selber noch nicht.

Laufen ohne eilen

DER SCHLAF, AUS DEM ICH WACHEND TRÄUME

Stark und kräftig bläst der Wind
Durch Herbstwald und Bäume
Es regnet Gedanken, reife, bunte,
Verkleiden sanft meine Träume

Die Bäume ziehn sich langsam aus
Zeigen sich, wie sie wirklich sind
Die Wärme bleibt im Herzen zu Haus
Gelöst, geschützt vom herbstlichem Wind

Es regnet im Herbst, die Stimmung ist schwer
Die Sonne unsichtbar, die Nächte werden länger
Ich such' in der Stille Verbindung zu Dir
Suche und suche, die Gemüter sind strenger

Bis langsam Du kommst im Geiste der Zeit
Bist buntes Blatt, reifender Herbst, bist Ernst
Bist alles, was ich wahrnehme im Geiste
Bist meine, ob nah oder weit am Entfernst'

Sie fallen mir auf, sie fallen mir zu
Sie fallen mir ein, gereifte Gedanken
Und alles ist Liebe, ich, Liebe und Du
Nur eins möchte ich: mich bedanken

Mich bedanken für das Erlebnis stark
Für eine Liebe erschütternd und tief
Für die Tränen beim Spaziergang im Park
Als ich alleine lief und nach dir innerlich rief

Viel ist schon passiert, und wenig
Ich liebe das Leben, und ich liebe
Die Menschen und bleibe Dem froh untertänig
Der geschaffen hat das ganze Getriebe.

Errötung

Zu langsam, ach
errötest du, geliebte Natur
enthüllst du deine schöne Figur
ich zittere bei fallender Temperatur
schon vor Erwartung. Zu einfach
wäre keine Antwort –
Beweg mich wie ein Blatt, leise
nur langsam zieh mich fort, leise
ich bin noch nicht satt.

Die Blätter

Herrlich schön sah es vor kurzem
außerhalb des Fensters aus
Die Blätter glitzerten wie aus Gold
Die Welt, wie im Traum-Haus
zitterte im vorbeisausenden Winde
Geflügelt ist mein Sehnen
es rast ungestüm über reife Blätter
überlässt überall meine Tränen.

Bunter

Berichten möchte ich nur
Nicht klagen, denn noch habe ich dich
Vergangene, ich habe dich noch

Geht die bekannte Welt unter?
Wieso wird's ständig bunter?

Dein

Der schwarze Himmel wird blau
Gefroren glänzt der Morgentau
In vielen Fenstern glüht das Licht
In mir brennt ein Gedicht

Mein Herz begrüßt einen neuen Tag
Schlag um Schlag
O Herbst!, du stärkst den Mann in mir
Verewigest meine Liebe zu dir

Und sie? Vertiefst du sie auch so?
Begleitest du sie durch ihr Gefühlszoo?
Dann flüstere doch ab und zu ihr zu
Diese drei Worte: *er ist dein.*

Geist

Tiefer als die Oberfläche liegt das
Nicht vom Herbst rede ich, sondern über etwas
Ganz anderes gebe ich Kund
Es ist mein Auge, ich bin sein Mund

Nicht von bunten Blättern, noch nackten Bäumen
Noch kühlen Tiefen, die locken zum Träumen
Nicht vom kalten Regen, noch kaum besonntem Himmel
Sondern vom Reiter auf dem himmlischen Schimmel

Schau ihm ins Auge, werde sehend
Schenk ihm deine Stimme, erhalte sein Wort
Laß fallen deine Gedanken, und dich umdrehend
Triffst du seinem Geist vor Ort und sofort.

Mit Worten über das Wortlose schreiben
Regungslos bei dem Immerbewegenden bleiben
Den Menschen begegnen mit Menschlichkeit
Das Leben beenden mit Unsterblichkeit.

Lieben lieben

Sie stehen Seite an Seite
Baum zu Baum
Eine Lücke bis weit in die Weite
Finde ich kaum
Die Blätter überall wie bunter Schaum
Ist das wirklich oder ist es ein Traum?

So stehn die Menschen zu mir
Zu jeder Lebensstufe
Geliebte, Geliebte, immer mehr,
Die ich zu mir rufe –
Alle Blumen, die ich mal schuf
Sind's, die ich jetzt mit bebendem Herzen prüfe.

Und bis ich ein Ende finde
Bis ich mich der Liebe ent-binde
Werde ich leben für immer mehr
Immer halbvoll, immer halb leer.

Oktober

Ist das die Sonne?
Ich schau wieder
Schon wieder weg
Stets unterwegs

Herrlicher Herbsttag!
Fast... Oder doch!
Immer noch setzt er sich durch
Ein leises Stöhnen hängt gelähmt im Wald
Wieder ist die Sonne weg
Stets unterwegs...

Werden einem mit der Zeit
so vertraut

Werden einem mit der Zeit so vertraut
Die Gesichtszüge der schönen Natur
Gang und Vorgang, Stimme, Weise, Haut
Kinder, Launen, wechselnde Frisur
Daß man seine Umwelt nicht mehr wahrnimmt
Denn ihr ist man nicht mehr zugestimmt?

Die Einschläge verlieren an Kraft
Sicht verzichtet auf Einsicht
Die Angst ist groß, zu tief die Botschaft
Zu klar diese Klarheit, unerträgliches Gewicht
Was sind Worte jetzt, was sind sie wert?
Abgebrochen ist die Spitze dem Schwert
Ich träume hin, träume fort, sind das Erinnerungen?
Soll ein Anfang sein, keine alte Schilderungen

Zu viele Worte
Reimend am Wechselorte –
Müde bin ich auch manchmal, will
Nur sein, tun, erfüllen, im Stillen.

Berührung ohne

Gestern Abend ging ich leise,
Machte mich auf eine Reise,
Langsam, so: auf diese Weise
Kam ich nah an dich –

Dein Herz war warm, gemütlich
Und offen wie die Welt,
Die Tausend Sonnen enthält,
Aus denen mir nur Licht zu-fällt.

Dein Lächeln

War das ein Schatten?
Sah wie ein Gedanke aus
Kleine Bewegung vor dem Haus
deines Wesens. Spielen Katz und Maus
kleine Gefühle, die wir eins hatten

So müde bin ich auch noch nicht
Nachdenkliche Gesten täuschen leicht
Ob das reicht? Irgendwas erreicht?
Dein Lächeln rührt, es weicht
Ja, es entlockt mir Ich ans Tageslicht.

Zehntausend Sonnen und dunkle Lücken

Im Wald ist es wieder zauberhaft
Zehntausend Sonnen glitzern
Eine Hand überblättert diese Seite meiner Geschichte
Sie hat überall dunkle Lücken
aber ich habe nur ein wenig Angst.

Ist der Raum groß genug oder viel zu klein?
Wird der Unterschied immer größer?
Oder macht das nichts?
Die Sonne ist hinter Wolken verschwunden.
Ein Fenster ist offen, kühler wird's im Saal
Überschauberer im All
Uns verbleibt mehr und mehr keine Wahl mehr.

Manchmal brichst du wieder ein

Manchmal scheint die Sonne durch
Mit starken blauen Strahlen
Mit goldenem silbrigem Schallen
Mit hellem freundlichem Prahlen

Manchmal brichst du wieder ein,
Ein sonniger Dieb in meiner Nacht
Räumst auf mein Herz mit einer Macht
Unwiderstehlich, noch nie gedacht.

November

Seeheimer Wald
Außerhalb des Fensters
Durch das Fenster
Rührst mich kalt
Rotbraune Blätter
Dieses dürre Wetter
Schlägt mich bald
Tot.

Wohnung unter den Bergen

Die Blätter fallen...
Bis ich wieder da bin
Ist Herbst ganz ausgefallen
Und Winter wieder im Sinn

Da werde ich ab und zu
Und manchmal sogar immer
Wiedersehen, wie ich und du
Sprachen im Wohnzimmer

Besprochen wurde alles
Ein Vollmond glühte mit dabei
Der Berg des höchsten Tales
Übertraf die höchste Zauberei.

Die letzten Blätter

Dunkles Feuer auf deinem Kopf
Diese Haarschar...

Gar so einsam, spiegelnde Bäume
Kahlkopfwerdend, die wenigen mattbrennenden Blätter
Übrig
Hängen tot –

Wer zwitschert? Vogel oder Frau?
Was glitzert? Nebel oder Tau?
Tot ist blau. Es lebe grau.

Immer ruhiger

Bleierngraue Deckung
Himmel! Du bist auch Schimmel!
Nun bist du verschwunden
Himmel! Du bist auch Schimmel!
Wie hat sie das gemacht? Geschluckt. Gewürgt.
Muskulöses Gefühl
Harte Handoberflächen, voller Reibung
Steine stürmen den Berg entlang
Avalanchenliebe.

Da laufen vier Füße am cremigen Strand
Wäre da auch der Wind, käme trotzdem
Nichts rüber. Das sind nicht Fußklopfen, nein
Herzschlagen. Herzschlagen.

Noch ruhiger wurde es dann.
Immer ruhiger. Nicht Küsse sogar.
Nur diese zwei Handoberflächen
Reibungslos sogar. Reibungslos.

Leere

Denn ich bin auch leer
Eine Flasche, deren
Inhalte du getrunken hast

Gerne ließ ich mich entleeren,
Ich habe mich nach neuen Gedanken gesehnt
Die ich in der Luft spürte –
So weit bin ich noch nicht.

Ahnungen der Natur

Rote Blätter
Kühles Wetter
Wenn ich atme
Spürst du mich?

Wenn ich denke
Spürst du mich?
Wenn ich fühle
Bist du da?
Spürst du mich?

Manche meinen, alles zu wissen
Andere meinen, diese korrigieren zu müssen
Einige glauben, dabei lernen zu können
Ein paar spüren, worum es geht
Machtkämpfe in der Natur
Sehnsucht nach Geltung, nach Liebe, nach Geborgenheit
Verbogen.

Durch bricht die Sonne
Ergießt sich hell durch die wenig gebliebenen Blätter
Ich höre dich! Ich höre dich!
Laute Stimme des glücklichen Waldes, Aufschrei des
                                    sehnenden Erwachens
Ganz kurz – und dann ist es wieder
Grau und kalt, geduldig das Gewicht der Welt ertragend
Leicht schaukelnd dem leisen Winde...

Wenn ich träume
Begegnest du mir und
Nimmst mich mit in die wartende Zukunft
Schon?

Erwartung

An zu schauen, wie du blühst
Aus dem grünen Schaum
Rot und orange, gelb und gold
Bis im Braunen du ruhst
O Herbst! - ... ist wie ein Traum!

Entkleidet stehn die Bäume bald
Im braunen ernsten Wald
Still ist's im Herz und All
Und rund herum,
Im Berge, Dorf und Feld und Tal,
Liegt leise eine Spannung, eine Erwartung
Komm, o Schnee, ach komm!, betet die Welt stumm.

Der zweite Schneeversuch

Ein bißchen Schnee
Wie aus Versehen ausgerutscht
Von himmlischer Hand
Den langen luftigen Weg zur Erde
Herunter geirrt, schwebend
Winzige einzelne Schneeflöcklein
In der Luft jedes für sich allein
Den eigenen Weg suchend, bahnend
Bis sie alle die Erde berühren
Dort einander wiedertreffen
Zum ersten Mal
Seit dem sie ihre Heimat verließen
Und zum letzten Mal, bevor sie verschmelzen...

Ein schöner leiser Vormittag
Besänftigt und geweicht vom
Zweiten Schneeversuch des Jahres Ende
Eingeweiht mit Weihrauchkörnchen
Die das Bild der vorbeifließenden Autos verlangsamen
Murmeln dämpfen
Sill muß es langsam werden
Denn die Heilige Nacht vertagt sich bald.

In der Stadt und auf dem Land
Im Berge und Dorf, im Büro und zu Hause
Im Auto und Zug und Flugzeug
Und im einsamen Boot bei der letzten Segelfahrt
In mir, in dir
Im Wald und drüben im Park
Überall wo es Mensch und Tier gibt
Heben alle die Augen kurz hoch
Reden lautlos mit dem zweiten Schnee –
Ob er liegen bleiben wird,
Im Gegensatz zum Ersten, Vergessenen,
Verschwundenen von Vorvorgestern...
Still sollte es werden
Denn die Heilige Nacht wird bald da sein.

Last

DER SCHLAF, AUS DEM ICH WACHEND TRÄUME

Schnee auf dem Ast
Leichte Last
Alles, was du hast
Illusionen fast
Kein Palast
Zur faulen Rast
Die Welt ist wie ein Knast
In dem alles rein passt

Einst werden wir entlassen
Alle Insassen
Stehen vor den Kassen
Kein durchlassen
Der großen Massen
Aller Rassen
Unter denen, die hassen
Ohne zu fassen

Leicht, der Liebe Ballast
Fester Mast
Befreit von dem Knast
Himmels Gast
Doch die, die hassen
Dürfen die Gassen
Der gefangenen Gassen
Nicht verlassen

Schnee auf dem Ast
Leichte Last
Alles, was du hast
Visionen fast
Trink leer die Tassen
Ohne zu prassen
Bleib in den Trassen
Der Liebe Klassen.

Teil 2

Winterschlaf

Sanfte Frostblätter

Weiße Tränchen
Geblüht zwischen Nacht und Tag
Geschwollene Büschen
Leise flüstern
Sei doch nicht so schüchtern
Komm, sei doch nicht so nüchtern...

Dann zitterst du mehrmals
Und einmal ganz heftig
Dann ist der Winter da
Und wir schlafen.

Am Anfang eingeschlafen

Sind das zwei oder drei Sterne
So einsam, verloren
Entfremdete Erinnerungen
Neblig und verfroren im nächtlichen Zelt
Des Bewußtseins meiner Welt?
Einst gefunden, dann verloren
Zweimal entrückt und noch ungeboren
Winkend wie ferne Grüße
Kein Mensch, keine Analyse
Entschlüßelt Dir, was Du verpasst hast
Allein ahnst Du: Du hast etwas verpasst.

Wie oft, wie ärgerlich
Der wiederholte Mist, wiederholend sich
Wie kann das sein?
Alle Tränen, und die Becher, die sie füllen
Ergäben keinen Wein
Der je betäuben oder je erfüllen
Oder irgendwie das gut machen könnte
Was der Mensch seinem Geiste ungünstig verpönte –
Doch funkeln sie, ferne Erinnerungen
Anfang und Ende unterbrochener Dämmerungen
Aber sind sie ein Gruß oder sind sie eine Klage?
Das ist die Frage
Oder warten sie nur auf den Moment
Wo ein Herz wieder taut, weil es drinnen brennt
Der wahre Advent, eine Seele weint, innerlich, laut
Und alles, was Du spürst, ist eine Gänsehaut
Denn da oben sieht man sie
Erreicht sie nicht, denn wie
Erinnert man sich denn an ein Leben
Das man versäumte, zu erleben?

Dezember

Salzverstreuer
Salz und Feuer
Schneeverbrenner
Weihnachtsmänner
Herzen weicher
Liebe reicher
Jahresende
Lebenswende.

Alles kommt und alles geht
Älter werdend, Erde dreht
Dieser Tag kommt nie zurück
Doch unerfüllt, sein Traum von Glück.

Was wird kommen nächstes Jahr?
Der will wissen, bleibet wahr
Alles tagt und alles treibt
Nur das Wahrhaftige bleibt.

Hotel

Eiskalt weht der Wind hinein
In mein Hotelzimmer
Durch große Fensterscheibe
Schaue ich wie seit immer
Über die aller höchste Baumkrone
Auf fernem Hügel bis in die Lebenszone

Ich schaue lang und sehe nichts
Außer dem Himmels ewiges Gesicht.

Und aus diesem Nichts da drüben
Fließt Seligkeit hinab zu mir
Ich brauch nur geben, muß nicht grübeln
Am besten bleibe ich leer...

Da werde ich gefüllt von der Fülle
Da entkomme ich allen außer der letzten Hülle...

Nun wendet sich zu bunter dir
Die volle Macht meiner Liebe
Mit *Gold, Weihrauch und Myrrhe*
Und noch etwas bringt sie mit zu dir:
Ich stehe zu meiner Liebe.

Weihnachtsstern

Ich fand einen Stern
In meiner Seelennacht
Einen fernen Stern
Der über mich wacht –
Und immer, wenn mein Stern lacht
Lach ich mit auch gern
So führt er mich
Wie ein Seemannstern
Innerlich
Durch meine Seelennacht.

Kinderlein, lachet
Denn die Freude ist eure Macht
Menschen, erwachet
Es ist Weihe Nacht.

Das Wahre

Goldnes Licht, warm, vertraulich
Weißer Schnee, lautlos, still
Mutter und Kind, beiden vertrau ich
Komme nächstes Jahr, was will

Babylaute, segnend, rührend
Mutter lächelt, Mutter stillt
Weihe Nächte, ernst verführend
Vaterliebe, einzig, gilt

Denn die Zeiten, sie verlangen
Von uns nur das Wahre ab
Lied und Licht sind bald vergangen
Drum fass jetzt den Zauberstab.

Silvester

Ein Tal voller Gedanken
Drüber ein Berg, kein schwanken
Drauf, Geist, kannst Gemüt tanken
Ungetrübt, ohne seelisch zu erkranken

Dann strömt's strahlend nieder
Doch grübelnd grauen Gedanken bieder
Trübe, geben die Blitze nicht wieder
Dunkle Lieder, tote Glieder

Silvester! Mein Atem weggeschlagen
Neues Glück oder altes Unbehagen?
Liebe, Angst, glühn im Magen
Angst vorm Versagen
Liebe – Wagen des Wagens!
Doch Hoffnung siegt zu diesen Tagen
Wird alles überragen
Hoffnung! Ich werde nicht versagen.

Es gibt ein Tal
Gefangenschaft im Keller der Zeit
Doch war einmal
Unsterbliche Ewigkeit
Jedes Neujahr
Bringt mit in Geleit
Die Möglichkeit
Der Wiederkehr dieser Zeit.

Januar

Alles kam zweimal
Denn das Leben gibt uns Chancen
Das erste Mal lernen wir
Das zweite selber ausführen
Kreislauf des Lebens

Wachen Auges bestreite deine Reisen
Lesender Empfindung
Erlebe beim Durchleben Dein Leben
Es kommt mehrmals
Doch hat alles ein Ende
Außer dem Staunen.

Nur das Staunen findet kein Ende
Es gibt immer Neues zu erleben
Neuer Tag, neues Wunder
Neue Lehre, Entscheidungen, Gnaden
Neues Jahr.

Für mich mit das Schönste
Daß wir zu einander immer wieder diese Worte sagen:
Schönes neues Jahr.
Denn für den Geist das Schönste
Ist das Erlebnis,
Daß es immer weiter geht.

Wache Träume

Die tote Stille deutet darauf hin
Es ist irgendwann
Zwischen Mitternacht und Morgenstund
Irgendwo in der Mitte

In der Stille gesellen sich zu mir
Seelenklare Gedanken
Ruhige Vermutungen
Bevor sie verschwinden sagen sie
Nimm uns ernst
Vergiss uns nicht
Wenn dein Kopf das Kissen erneut berührt
Und du morgenfrüh diese Stunde vergisst
In der ein Traum dich weckte
Für ein paar Minuten in der Nacht

Baby schlummert, Mutter träumt
Nachbarn pennen, draußen ist's still
Jetzt lege ich mich auch schlafen
Und die ganze Welt wird still.

Lachen des Erwachens

Kann ich Lachen malen?
Würde es dir gefallen?
Deine wilden Blicke, wie Krawalle
Geben Kund deiner Qualen
Die ich stillen möchte, stillen werde
Ganz sanft, wie Schnee auf feuriger Erde
So stark kann Lachen sein
Weich wie Weißwein

Wie viele Schneeflocken, groß und klein
Tummeln, schweben, wild und fein, jeder für sich allein
Zur Erde nieder, immer und immer wieder, fallen
Bis ganz Braunes und Grünes sind überfallen
Und besiegt und ersetzt von Himmels weißen Tränen
Still und flehend ist das mächtigste Sehnen

Wie viele Gedanken, wie viele Entscheidungen
Stark und schwach, erzeugt durch Freudes und Leids
                                        Reibungen
Müssen wieder und immer wieder gefallen
Sie schmelzen, werden abermals wieder gefallen
Ein Leben lang, bis transformiert ist dein Bewußtsein
Der selbe Gedanke, tausendmal entdeckt und gedacht
Immer wieder entfacht, bis er plötzlich eines Tages lacht
Und steht, wach, bewusst, in deinem neuen Sein!

Für Yvonne

Wenn ich berühren könnte
Deine nassen Hände
Während der Wind deine Finger
Kalt rüttelt
Würde ich dir mit Liebe wärmen
Küssen, bis wieder das Licht scheint
In deinen Augen
Denn ich liebe dein Lächeln

Und wann gefallen ist dunkle dunkle Nacht
In die weichen Arme schweigsamer Innenwelten
Heimkehrender Gedanken und innigster Empfindungen
Wo Träume schweben und jedes Wort wahr ist, weil
                                    empfindungsvoll
Schmerzen schmerzhafter, Glück grenzenloser, Frieden
                                    eins mit
Zufriedenheit, und Masken weggefallen sind
Werde ich dich umarmen, ganz stark
Bis warm der Nachtwind geworden ist
Und das Licht scheint wieder
In deinen Augen
Denn ich liebe dein Lächeln, mein Schatz

Vor allem liebe ich das Licht
In deinen Augen
Wenn du lächelst.

Abend

Schön
Wie der Schnee
Auf dem Laube liegt

Schön
Wie das Reh
Über den Schnee fliegt

Schön
Wie der Tautropf'
Zittert in der Sonne Glut

Schön
Wie dein Kopf
Auf meiner Schulter ruht.

Winter

Wäre ich ein Baum
Stände ich und streckte
Meine vielen Gedankengänge
In alle Himmelsrichtungen, und deckte
Jeden Reisenden mit unzähligen Gedanken
Und, öffnete er sich
Fiele ihm eine reife Frucht ein
Ein Gedanke, der tief in sich
Eine Antwort birgt

Niemand soll mit leeren Händen weggehen
Der sich öffnet; mit schweren Herzen
Soll kein Wanderer weiterziehen, der
Auf meinem Schoß nach Erleichterung sich innig sehnt
Sich sehnend sich ausdehnt, an mich sich lehnt
Mir anvertrauend seine intimsten Schmerzen
Die Sonne schreit, die Winde flehen

Es sei, es wäre Winter und ich selber
In mir mit mir selber ringend beschäftigt
Wie viel hätte ich dann für dich übrig?
Alles, was ich aufbringen könnte, gälte dann meinem
                              zukünftigen Auferstehen.
Nur meine Wurzeln – ja, wenn ich könnte
Grübe ich mit meinen Wurzeln in jedes vorbeilaufende
                              Menschenherz hinein
Und säugte... säugte... - Freund
Wenn du im Winter weinst, weinst du, weil ich
Von Dir alles weg zieh
Was ich dir im Sommer verlieh...

Geist im Walde

Ist das Schönheit
Die ich in deiner Seele
Wie einen lieblichen Platz
Zwischen Bäumen im Park
Geblickt habe?
Sag mir bitte, daß ich Recht habe
Zeig mir, Schöne, wie schön du bist

Ist das Schönheit
Die ich in deiner Seele
Wie einen roten Horizont
Zwischen blößen Zweigen und scheuen Ästen
Winterlichen Bäume gen grauen Himmeln
Gespürt habe?
Zeig mir, Schöne, wie schön du bist
Schöner wie Abend, schöner wie Nacht

Und Geist im Walde
Ich spüre dich nah
Sanft wie Salbe
Und immer immer da
Weiß nicht, wie du heiße
Alles, was ich sah:
Dein Auge rufend leise
meine Antwort ist Ja.

Puzzle

Weißt du, was Zauber ist?
Schnee auf Immergrün schimmernd, schillernd
Es ist warm drin aber
Du spürst die kristallene Kälte da draußen
Nur vom Gucken her

Alles, was uns die Augen vermitteln
Töne, Gerüche, Fühlen, Geschmack, Ahnungen
Nur vom Sehen her

Deshalb lasse ich manchmal
Für Ewigkeiten
Meine Augen in den Deinen ruhen
Und du sagst, ich wäre so ernst
Du fragst, worüber ich gerade denke
Daß ich so ernst dreinblicke
In dich hinein

Alles, was dein Mund nie sagt
Weil es dafür keine Worte gibt
Alles, was deine Finger nie tun
Weil dazu zehn zu wenig sind
Alles, was du sein würdest
Wenn du es sein könntest
Alles, was ich brauche
Um das Puzzle zu entschlüsseln
Das du manchmal bist.

Phönix

Auffallend schön draußen
Schnee auf braunen Bäumen
Zwischen grünem Moos
Vertrauliche Stämme formen sich zu ernsten Räumen
Die kleinste Empfindung empfinde ich plötzlich als groß

Jetzt wird dick und dicker der Schnee
Fett und fetter das sanfte Fleisch –
Die Bühne ist bereit, jetzt kommt dein Entreé
Ist alles nur ein Spiel denn zwischen Geist und Fleisch?

Nicht alles wird uns beschert
Nach dem wir uns streben
Manche Wünsche landen in der Sackgasse der
                                    Enttäuschung
Irgendwo zwischen Herz und Bauch
Hoffnungen brennen und brennen und brennen ab
Wie Asche und Rauch
Was du verlierst, gewinnst du auch

Heute geht die Sonne unter
Damit du morgen noch einen Versuch am Leben wagen
                                    kannst
Deshalb, denke nach in der Nacht
Was hat dir wirklich der Tag gebracht?
Du wirst es morgen brauchen
Wenn wieder die Erwartungen auftauchen
Und die Enttäuschungen rauchen.

Februar

Ich fühle mich zu sehr geborgen
Zu viel, das Lächeln
Zu wenig, das Lachen an sich
Kein Feuer mehr. Schlafsesselige Seele.
Gift.

Das Leben

DER SCHLAF, AUS DEM ICH WACHEND TRÄUME

Ich sehe einen schönen Pfad
Durch einen schönen Wald
Braune Blätter lagen auf dem Boden
Es war Abend, lautlos, kalt

Die Bäume waren leer
Ich sah durch alles hindurch
Rote Dächer und braune
Glocken läuteten, eine Kirche

Ein ganz stiller Platz
Zwischen den Bäumen
Still wie ein Friedhof
Land ewiger Träume

So kurz dauert die Reise
Gar ein Spaziergang
Dachte ich, während der letzte
Glockenton ausklang.

Deine Stimme

Jede kleine Schneeflocke
Die in dem Winde schwam
Schwam in mir

Ich nahm das Telefon
Vom Schnee da draußen
Erzählte ich dir

Jeder Schrei der Entzückung
Den du ausstieß
Klang wie ein Lied

Das ich immer noch innerlich hörte
Lange nach dem der Schnee
Schmolz und schied.

Menschen in meinem Leben

Es regnet im Wald
Bäume regnet's ohne Blätter
Glänzende Stänge
Einzelne Menschen im Leben
Es regnet in der Sonne
Helle Aufregung

Mein Herz flattert
Wie Tausend junge Blätter
Bin ich, bin ich ein Schmetterling?
Flatterblätterschmetterling –

Es regnet in den Wald
Unzählige Sonnenscheiben hinein, ohne Ende
Glänzende Stänge
Einzelne Menschen im Leben
Es regnet in der Sonne
Helle Aufregung

Flatterblätterschmetterling –
Wo bin ich?

Grünes Moos

Grünes Moos
Was ist los?
Sag nicht bloß
Es wär ein Verstoß
Gegen Gesetz, Liebe, Natur
Daß Sonne und Luft
Lust, Farbe und Duft
Regung, Erregung und Aufregung pur
Mal austrocknen müssen
Nur weil dein sanftes Kissen
Bühne so vieler sanfter Küssen
Langausgezogener gefühlsvoller Tschüßen
Lieber Auf Wiedersehen und Vergehen müssen
Verhärtet ist heute

Gesetz, Liebe, Natur
Sind wie jene leute
Die wir lieben und verstehen nicht
Derentwegen unser Herz bricht
Und sich verspricht
Nie wieder zu genießen
Was wir wieder genießen müssen
Und bestimmt auf Erden
Wieder genießen werden
Im grünen Moos
Der Erde Schoß.

Schwanger

Du hast deine Gefühle
Neulich bei mir geliefert
Ein fuhr, wie ein Frachter
Ein Blick von Dir – Ich
Freue mich über die Sonne
Heutzutage. Die Sonne
Im Walde. Die nackten Zweige sind
Schwanger mit ungeborenen Blättern
Frühling. Zitternd vor Freude
Lass mich 'raus
Wackelnder Schwanz
Nach oben schaut ein Hund
Er sucht einen Bund
Sein Wunsch ist gesund
Lass mich 'raus

März

Der Wald ist wild mit nackten Bäumen,
Finger, Hände tausendmal
Der Schnee ist weg, ein Raum voller Träumen
Macht seinen weg zurück ins Tal.
Et al, et al.

Zwischen Raum und Raum liegt kurze Zeit
Liegt Bitterkeit, liegt Tapferkeit
Und starkes Öffnen, und Mühe
Und Ruhe - - - Dann blühe...

Auf Bald

Es ist sechs Uhr oder achtzehn
Die Kirchenglocken verklingen den Sonnenheimgang
Jetzt ists es am leichtesten zu verstehen
Alles, was dort lebt hinter dem Vorhang

Ein Vogel ist gerad zu mir gekommen
Die Welt ist mir sofort genommen
Die Stille herrscht wie immer
Die Stille herrscht wie nimmer

Jetzt wird's gut. Dring-a-ling-a-ling!
Den Winter wird ersetzen der Frühling.

Der Schlaf,
aus dem ich
wachend
träume

www.ingramcontent.com/pod-product-compliance
Lightning Source LLC
Chambersburg PA
CBHW020508030426
42337CB00011B/286